Sammlung Eudämon
Band 1

Heinrich von Kleist

Über das Marionettentheater

mit Illustrationen von
Pia Eisenbarth

Sammlung Eudämon

VERLAG
WOLFGANG
KAUL

Copyright 1982 by
Verlag Wolfgang Kaul
Wiesbaden
Gesetzt aus der
Linotype-Palatino
Bindearbeiten: Buchbinderei
Hollmann, Darmstadt

ISBN 3-922 181-06-6

Heinrich von Kleist
Über das Marionettentheater

Für
meinen Lehrer
Klaus Lachmann

*

Als ich den Winter 1801 in M. zubrachte, traf ich daselbst eines Abends, in einem öffentlichen Garten, den Herrn C. an, der seit kurzem, in dieser Stadt, als erster Tänzer der Oper, angestellt war, und bei dem Publico außerordentliches Glück machte.

Ich sagte ihm, daß ich erstaunt gewesen wäre, ihn schon mehrere Mal in einem Marionettentheater zu finden, das auf dem Markte zusammengezimmert worden war, und den Pöbel, durch kleine dramatische Burlesken, mit Gesang und Tanz durchwebt, belustigte.

Er versicherte mir, daß ihm die Pantomimik dieser Puppen viel Vergnügen machte, und ließ nicht undeutlich merken, daß ein Tänzer, der sich ausbilden wolle, mancherlei von ihnen lernen könne.

Da diese Äußerung mir, durch die Art, wie er sie vorbrachte, mehr, als ein bloßer Einfall schien, so ließ ich mich bei ihm nieder, um ihn über die Gründe, auf die er eine so sonderbare Behauptung stützen könne, näher zu vernehmen.

Er fragte mich, ob ich nicht, in der Tat, einige Bewegungen der Puppen, besonders der kleineren, im Tanz sehr graziös gefunden hatte.

Diesen Umstand konnt' ich nicht leugnen. Eine Gruppe von vier Bauern, die nach einem raschen Takt die Ronde tanzte, hätte von Teniers nicht hübscher gemalt werden können.

Ich erkundigte mich nach dem Mechanismus dieser Figuren, und wie es möglich wäre, die einzelnen Glieder derselben und ihre Punkte, ohne Myriaden von Fäden an den Fingern zu haben, so zu regieren, als es der Rhythmus der Bewegungen, oder der Tanz, erfordere?

Er antwortete, daß ich mir nicht vorstellen müsse, als ob jedes Glied einzeln, während der verschiedenen Momente des Tanzes, von dem Maschinisten gestellt und gezogen würde.

Jede Bewegung, sagte er, hätte einen Schwerpunkt; es wäre genug, diesen, in dem Innern der Figur, zu regieren; die Glieder, welche nichts als Pendel wären, folgten, ohne irgend ein Zutun, auf eine mechanische Weise von selbst.

Er setzte hinzu, daß diese Bewegung sehr einfach wäre; daß jedesmal, wenn der Schwerpunkt in einer *graden Linie* bewegt wird, die Glieder schon *Kurven* beschrieben; und daß oft, auf eine bloß zufällige Weise erschüttert, das Ganze schon in eine Art von rhythmische Bewegung käme, die dem Tanz ähnlich wäre.

Diese Bemerkung schien mir zuerst einiges Licht über das Vergnügen zu werfen, das er in dem The= ater der Marionetten zu finden vorgegeben hatte. Inzwischen ahndete ich bei weitem die Folgerungen noch nicht, die er späterhin daraus ziehen würde.
Ich fragte ihn, ob er glaubte, daß der Maschinist, der diese Puppen regierte, selbst ein Tänzer sein, oder wenigstens einen Begriff vom Schönen im Tanz haben müsse?
Er erwiderte, daß wenn ein Geschäft, von seiner mechanischen Seite, leicht sei, daraus noch nicht folge, daß es ganz ohne Empfindung betrieben werden könne.
Die Linie, die der Schwerpunkt zu beschreiben hat, wäre zwar sehr einfach, und, wie er glaube, in den meisten Fällen, gerad. In Fällen, wo sie krumm sei, scheine das Gesetz ihrer Krümmung wenigstens von der ersten oder höchstens zweiten Ordnung; und auch in diesem letzten Fall nur elyptisch, welche Form der Bewegung den Spitzen des menschlichen Körpers (wegen der Gelenke) überhaupt die natür= liche sei, und also dem Maschinisten keine große Kunst koste, zu verzeichnen.
Dagegen wäre diese Linie wieder, von einer andern Seite, etwas sehr Geheimnisvolles. Denn sie wäre nichts anders, als der *Weg der Seele des Tänzers*; und er zweifle, daß sie anders gefunden werden könne, als dadurch, daß sich der Maschinist in den Schwerpunkt der Marionette versetzt, d.h. mit an= dern Worten, *tanzt*.
Ich erwiderte, daß man mir das Geschäft desselben als etwas ziemlich Geistloses vorgestellt hätte: etwa

was das Drehen einer Kurbel sei, die eine Leier spielt.

Keineswegs, antwortete er. Vielmehr verhalten sich die Bewegungen seiner Finger zur Bewegung der daran befestigten Puppen ziemlich künstlich, etwa wie Zahlen zu ihren Logarithmen oder die Asymp= tote zur Hyperbel.

Inzwischen glaube er, daß auch dieser letzte Bruch von Geist, von dem er gesprochen, aus den Mario= netten entfernt werden, daß ihr Tanz gänzlich ins Reich mechanischer Kräfte hinübergespielt, und ver= mittelst einer Kurbel, so wie ich es mir gedacht, hervorgebracht werden könne.

Ich äußerte meine Verwunderung zu sehen, welcher Aufmerksamkeit er diese, für den Haufen erfun= dene, Spielart einer schönen Kunst würdige. Nicht bloß, daß er sie einer höheren Entwickelung für fähig halte: er scheine sich sogar selbst damit zu beschäftigen.

Er lächelte, und sagte, er getraue sich zu behaupten, daß wenn ihm ein Mechanikus, nach den Forderun= gen, die er an ihn zu machen dächte, eine Mario= nette bauen wollte, er vermittelst derselben einen Tanz darstellen würde, den weder er, noch irgend ein anderer geschickter Tänzer seiner Zeit, Vestris selbst nicht ausgenommen, zu erreichen im Stande wäre.

Haben Sie, fragte er, da ich den Blick schweigend zur Erde schlug: haben Sie von jenen mechanischen Beinen gehört, welche englische Künstler für Un= glückliche verfertigen, die ihre Schenkel verloren haben?

Ich sagte, nein: dergleichen wäre mir nie vor Augen gekommen.
Es tut mir leid, erwiderte er; denn wenn ich Ihnen sage, daß diese Unglücklichen damit tanzen, so fürchte ich fast, Sie werden es mir nicht glauben. — Was sag ich, tanzen? Der Kreis ihrer Bewegungen ist zwar beschränkt; doch diejenigen, die ihnen zu Gebote stehen, vollziehen sich mit einer Ruhe, Leichtigkeit und Anmut, die jedes denkende Gemüt in Erstaunen setzen.
Ich äußerte, scherzend, daß er ja, auf diese Weise, seinen Mann gefunden habe. Denn derjenige Künstler, der einen so merkwürdigen Schenkel zu bauen im Stande sei, würde ihm unzweifelhaft auch eine ganze Marionette, seinen Forderungen gemäß, zusammensetzen können.
Wie, fragte ich, da er seinerseits ein wenig betreten zur Erde sah: wie sind denn diese Forderungen, die Sie an die Kunstfertigkeit desselben zu machen gedenken, bestellt?
Nichts, antwortete er, was sich nicht auch schon hier fände; Ebenmaß, Beweglichkeit, Leichtigkeit — nur alles in einem höheren Grade; und besonders eine naturgemäßere Anordnung der Schwerpunkte.
Und der Vorteil, den diese Puppe vor lebendigen Tänzern voraus haben würde?
Der Vorteil? Zuvörderst ein negativer, mein vortrefflicher Freund, nämlich dieser, daß sie sich niemals *zierte*. — Denn Ziererei erscheint, wie Sie wissen, wenn sich die Seele (vis motrix) in irgend einem andern Punkte befindet, als in dem Schwerpunkt der Bewegung. Da der Maschinist nun

schlechthin, vermittelst des Drahtes oder Fadens, keinen andern Punkt in seiner Gewalt hat, als diesen: so sind alle übrigen Glieder, was sie sein sollen, tot, reine Pendel, und folgen dem bloßen Gesetz der Schwere; eine vortreffliche Eigenschaft, die man vergebens bei dem größesten Teil unsrer Tänzer sucht.

Sehen Sie nur die P. an, fuhr er fort, wenn sie die Daphne spielt, und sich, verfolgt vom Apoll, nach ihm umsieht; die Seele sitzt ihr in den Wirbeln des Kreuzes; sie beugt sich, als ob sie brechen wollte, wie eine Najade aus der Schule Bernins. Sehen Sie den jungen F. an, wenn er, als Paris, unter den drei Göttinnen steht, und der Venus den Apfel über=reicht: die Seele sitzt ihm gar (es ist ein Schrecken, es zu sehen) im Ellenbogen.

Solche Mißgriffe, setzte er abbrechend hinzu, sind unvermeidlich, seitdem wir von dem Baum der Erkenntnis gegessen haben. Doch das Paradies ist verriegelt und der Cherub hinter uns; wir müssen die Reise um die Welt machen, und sehen, ob es vielleicht von hinten irgendwo wieder offen ist.

Ich lachte. — Allerdings, dachte ich, kann der Geist nicht irren, da, wo keiner vorhanden ist. Doch ich bemerkte, daß er noch mehr auf dem Herzen hatte, und bat ihn, fortzufahren.

Zudem, sprach er, haben diese Puppen den Vorteil, daß sie *antigrav* sind. Von der Trägheit der Materie, dieser dem Tanze entgegenstrebensten aller Eigen=schaften, wissen sie nichts: weil die Kraft, die sie in die Lüfte erhebt, größer ist, als jene, die sie an der Erde fesselt. Was würde unsre gute G. darum geben, wenn sie sechzig Pfund leichter wäre, oder ein Gewicht von dieser Größe ihr bei ihren Entrechats und Pirouetten, zu Hülfe käme? Die Puppen brauchen den Boden nur, wie die Elfen, um ihn zu *streifen*, und den Schwung der Glieder, durch die augenblickliche Hemmung neu zu beleben; wir brauchen ihn, um darauf zu *ruhen*, und uns von der Anstrengung des Tanzes zu erholen: ein Moment, der offenbar selber kein Tanz ist, und mit dem sich weiter nichts anfangen läßt, als ihn möglichst verschwinden zu machen.

Ich sagte, daß, so geschickt er auch die Sache seiner Paradoxe führe, er mich doch nimmermehr glauben machen würde, daß in einem mechanischen Glieder= mann mehr Anmut enthalten sein könne, als in dem Bau des menschlichen Körpers.
Er versetzte, daß es dem Menschen schlechthin un= möglich wäre, den Gliedermann darin auch nur zu erreichen. Nur ein Gott könne sich, auf diesem Felde, mit der Materie messen; und hier sei der Punkt, wo die beiden Enden der ringförmigen Welt in einander griffen.
Ich erstaunte immer mehr, und wußte nicht, was ich zu so sonderbaren Behauptungen sagen sollte.
Es scheine, versetzte er, indem er eine Prise Tabak nahm, daß ich das dritte Kapitel vom ersten Buch Moses nicht mit Aufmerksamkeit gelesen; und wer diese erste Periode aller menschlichen Bildung nicht kennt, mit dem könne man nicht füglich über die folgenden, um wie viel weniger über die letzte, sprechen.
Ich sagte, daß ich gar wohl wüßte, welche Unord= nungen, in der natürlichen Grazie des Menschen, das Bewußtsein anrichtet. Ein junger Mann von meiner Bekanntschaft hätte, durch eine bloße Be= merkung, gleichsam vor meinen Augen, seine Un= schuld verloren, und das Paradies derselben, trotz aller ersinnlichen Bemühungen, nachher niemals wieder gefunden. — Doch, welche Folgerungen, setzte ich hinzu, können Sie daraus ziehen?
Er fragte mich, welch einen Vorfall ich meine?
Ich badete mich, erzählte ich, vor etwa drei Jahren, mit einem jungen Mann, über dessen Bildung da=

mals eine wunderbare Anmut verbreitet war. Er mogte ohngefähr in seinem sechzehnten Jahre stehn, und nur ganz von fern ließen sich, von der Gunst der Frauen herbeigerufen, die ersten Spuren von Eitelkeit erblicken. Es traf sich, daß wir grade kurz zuvor in Paris den Jüngling gesehen hatten, der sich einen Splitter aus dem Fuße zieht; der Abguß der Statue ist bekannt und befindet sich in den meisten deutschen Sammlungen. Ein Blick, den er in dem Augenblick, da er den Fuß auf den Schemel setzte, um ihn abzutrocknen, in einen großen Spie= gel warf, erinnerte ihn daran; er lächelte und sagte mir, welch' eine Entdeckung er gemacht habe. In der Tat hatte ich, in eben diesem Augenblick, die= selbe gemacht; doch sei es, um die Sicherheit der Grazie, die ihm beiwohnte, zu prüfen, sei es, um seiner Eitelkeit ein wenig heilsam zu begegnen: ich lachte und erwiderte — er sähe wohl Geister! Er errötete und hob den Fuß zum zweitenmal, um es mir zu zeigen; doch der Versuch, wie sich leicht hätte voraussehn lassen, mißglückte. Er hob ver= wirrt den Fuß zum dritten und vierten, er hob ihn wohl noch zehnmal: umsonst! er war außer Stand, dieselbe Bewegung wieder hervorzubringen — was sag' ich? die Bewegungen, die er machte, hatten ein so komisches Element, daß ich Mühe hatte, das Gelächter zurückzuhalten: —
Von diesem Tage, gleichsam von diesem Augenblick an, ging eine unbegreifliche Veränderung mit dem jungen Menschen vor. Er fing an, Tage lang vor dem Spiegel zu stehen; und immer ein Reiz nach dem anderen verließ ihn. Eine unsichtbare und un=

begreifliche Gewalt schien sich, wie ein eisernes Netz, um das freie Spiel seiner Gebärden zu legen, und als ein Jahr verflossen war, war keine Spur mehr von der Lieblichkeit in ihm zu entdecken, die die Augen der Menschen sonst, die ihn umringten, ergötzt hatte. Noch jetzt lebt jemand, der ein Zeuge jenes sonderbaren und unglücklichen Vorfalls war, und ihn, Wort für Wort, wie ich ihn erzählt, be= stätigen könnte. —
Bei dieser Gelegenheit, sagte Herr C. freundlich, muß ich Ihnen eine andere Geschichte erzählen, von der Sie leicht begreifen werden, wie sie hierher gehört.
Ich befand mich, auf meiner Reise nach Rußland, auf einem Landgut des Herrn von G., eines livlän= dischen Edelmanns, dessen Söhne sich eben damals stark im Fechten übten. Besonders der ältere, der eben von der Universität zurückgekommen war, machte den Virtuosen, und bot mir, da ich eines Morgens auf seinem Zimmer war, ein Rappier an. Wir fochten; doch es traf sich, daß ich ihm über= legen war; Leidenschaft kam dazu, ihn zu verwirren; fast jeder Stoß, den ich führte, traf, und sein Rappier flog zuletzt in den Winkel. Halb scher= zend, halb empfindlich, sagte er, indem er das Rappier aufhob, daß er seinen Meister gefunden habe: doch alles auf der Welt finde den seinen, und fortan wolle er mich zu dem meinigen führen. Die Brüder lachten laut auf, und riefen: Fort! fort! In den Holzstall herab! und damit nahmen sie mich bei der Hand und führten mich zu einem Bären, den Herr von G., ihr Vater, auf dem Hofe

auferziehen ließ.

Der Bär stand, als ich erstaunt vor ihn trat, auf den Hinterfüßen, mit dem Rücken an einem Pfahl gelehnt, an welchem er angeschlossen war, die rechte Tatze schlagfertig erhoben, und sah mir ins Auge: das war seine Fechterpositur. Ich wußte nicht, ob ich träumte, da ich mich einem solchen Gegner gegenüber sah; doch: stoßen Sie! stoßen Sie! sagte Herr von G., und versuchen Sie, ob Sie ihm eins beibringen können! Ich fiel, da ich mich ein wenig von meinem Erstaunen erholt hatte, mit dem Rappier auf ihn aus; der Bär machte eine ganz kurze Bewegung mit der Tatze und parierte den Stoß. Ich versuchte ihn durch Finten zu verführen; der Bär rührte sich nicht. Ich fiel wieder, mit einer augenblicklichen Gewandheit, auf ihn aus, eines Menschen Brust würde ich ohnfehlbar getroffen haben: der Bär machte eine ganz kurze Bewegung mit der Tatze und parierte den Stoß. Jetzt war ich fast in dem Fall des jungen Herrn von G. Der Ernst des Bären kam hinzu, mir die Fassung zu rauben, Stöße und Finten wechselten sich, mir triefte der Schweiß: umsonst! Nicht bloß, daß der Bär, wie der erste Fechter der Welt, alle meine Stöße parierte; auf Finten (was ihm kein Fechter der Welt nachmacht) ging er gar nicht einmal ein: Aug' in Auge, als ob er meine Seele darin lesen könnte, stand er, die Tatze schlagfertig erhoben, und wenn meine Stöße nicht ernsthaft gemeint waren, so rührte er sich nicht.

Glauben Sie diese Geschichte?

Vollkommen! rief ich, mit freudigem Beifall; jed=

wedem Fremden, so wahrscheinlich ist sie: um wie viel mehr Ihnen!

Nun, mein vortrefflicher Freund, sagte Herr C., so sind Sie im Besitz von allem, was nötig ist, um mich zu begreifen. Wir sehen, daß in dem Maße, als, in der organischen Welt, die Reflexion dunkler und schwächer wird, die Grazie darin immer strahlender und herrschender hervortritt. — Doch so, wie sich der Durchschnitt zweier Linien, auf der einen Seite eines Punkts, nach dem Durchgang durch das Unendliche, plötzlich wieder auf der andern Seite einfindet, oder das Bild des Hohlspiegels, nachdem es sich in das Unendliche entfernt hat, plötzlich wieder dicht vor uns tritt: so findet sich auch, wenn die Erkenntnis gleichsam durch ein Unendliches gegangen ist, die Grazie wieder ein; so, daß sie, zu gleicher Zeit, in demjenigen menschlichen Körperbau am reinsten erscheint, der entweder gar keins, oder ein unendliches Bewußtsein hat, d.h. in dem Gliedermann, oder in dem Gott.

Mithin, sagte ich ein wenig zerstreut, müßten wir wieder von dem Baum der Erkenntnis essen, um in den Stand der Unschuld zurückzufallen?

Allerdings, antwortete er; das ist das letzte Kapitel von der Geschichte der Welt.

H. v. K.

ANHANG

ANMERKUNGEN

S. 9 *von der ersten oder höchstens zweiten Ordnung:*
Bei einer Kurve zweiter Ordnung ist 2 der höchste Exponent einer Unbekannten (x) in der Gleichung, die diese Kurve beschreibt. Die Kurve mit der Gleichung $y=x^2$ ist eine sogenannte Parabel, die eine scharfe Krümmung aufweist, ähnlich der des Ellenbogens bei angewinkeltem Arm.

S. 10 *wie Zahlen zu ihren Logarithmen:*
Eine Zahl (Numerus) und ihr Logarithmus (der Exponent einer Potenz, die den Numerus ergibt) sind nie gleich. [Auch nicht in dem Falle, daß eines von beiden null ist. Vgl. dazu den Satz auf S. 13: „Die Puppen brauchen den Boden nur, wie die Elfen, um ihn zu *streifen,* und den Schwung der Glieder, durch die augenblickliche Hemmung neu zu beleben;..."! Die Bewegungen von Hand und Marionette ohne „augenblickliche Hemmung" beschreibt der zweite Vergleich im selben Satz:]

S. 10 Eine *Asymptote* ist eine Gerade, der sich eine ins Unendliche verlaufende Kurve — wie die *Hyperbel* — immer mehr nähert, ohne sie jemals zu erreichen. Asymptote und Hyperbel werden also, wie die Bewegung der Hand und der Bewegung der durch diese Hand geführten Marionette, in keinem Punkt gleich.

S. 11 *vis motrix:* Bewegende Kraft.

S. 12 *Cherub:* Lichtengel; Schützer des Himmelsgartens.
antigrav: Die Schwerkraft (Gravitation) aufhebend sein.

S. 13 *Entrechats:* Im Ballett: der Kreuzsprung.
Pirouetten: Im Ballett: schnelle Drehung um die Längsachse des Körpers.

S. 16 *Rappier:* Sportdegen.

EDITORISCHE ANGABEN

Heinrich von Kleist (1777 - 1811) war zusammen mit dem Staatstheoretiker Adam Müller der Herausgeber der „Berliner Abendblätter", der ersten Tageszeitung Berlins. Sie erschien vom 1.10.1810 bis zum 30.3.1811. Der Aufsatz „Über das Marionettentheater", den wir hier erstmals als Einzelausgabe in Buchform vorstellen, erschien darin in vier Fort-

setzungen, vom 12. bis zum 15.12.1810 zum ersten Mal.
Diesem Erstdruck in den „Abendblättern" folgt die hier vorgelegte Edition des Aufsatzes. Ihr liegt der von Julius Petersen herausgegebene zweite Band der „Faksimiledrucke literarischer Seltenheiten" zugrunde, erschienen 1925 in Leipzig. Der Band, den wir benutzt haben, steht in der Hessischen Landesbibliothek Wiesbaden und trägt die Signatur Kq 1846.
Gegenüber dem Text der Vorlage genau beibehalten wurden der Textumfang, die Folge der Absätze, die Interpunktion, die Wortstellung und der Lautstand der Wörter. Altertümliche Orthographie wurde modernisiert, wenn sich wie bei dem Wort „That" am Lautstand des Wortes nichts ändert, wenn man das heute gebräuchliche „Tat" dafür schreibt.
Die Orthographie (und Satzfehler bei der Interpunktion) betreffend wurden im einzelnen folgende Änderungen vorgenommen, wobei hier Altertümlichkeiten und Druckfehler zusammen aufgeführt sind. Sich wiederholende Wörter, auch in Zusammensetzungen oder Beugungen, sind nur an der Stelle ihres ersten Vorkommens verzeichnet:

S. 8	That	Tat
	gratiös	graziös
	läugnen	leugnen
	Tact	Takt
	Tenier	Teniers
	gemahlt	gemalt
	Puncte	Punkte
	Zuthun	Zutun
	C o u r v e n	*Kurven*
S. 9	bei Weitem	bei weitem
	erwiederte	erwiderte
	Geheimnißvolles	Geheimnisvolles
	Geschäfft	Geschäft
S. 10	Leyer	Leier
	beschäfftigen	beschäftigen
S. 11	Anmuth	Anmut
	seiner seits	seinerseits
	Nichts antwortete er	Nichts, antwortete er
	Ebenmaaß	Ebenmaß
	nur Alles in	nur alles in
	Vortheil	Vorteil
	nähmlich	nämlich

S. 12	Drathes	Drahtes
	andern, Punct	andern Punkt
	todt	tot
	Erkenntniß	Erkenntnis
S. 13	entrechats	Entrechats
	pirouetten	Pirouetten
S. 14	Taback	Tabak
	Capitel	Kapitel
S. 15	Jungling	Jüngling
	erröthete. und	errötete und
	misglückte	mißglückte
	fieng	fing
	Siegel	Spiegel
S. 16	Gebährden	Gebärden
	Liefländischen	livländischen
	Aeltere	ältere
S. 17	Hr. v. G ... und	Herr von G., und
	Eins	eins
	parirte	parierte
	gieng	ging
S. 18	Allem	allem
	nöthig	nötig
	Maaße	Maße
	Reinsten	reinsten

In diese Liste nicht aufgenommen wurde die generelle Änderung des Versal-Umlauts Ae (Oe und Ue kommt nicht vor) in Ä. Die Auflösung des Umlauts in der Vorlage rührt daher, daß die „Abendblätter" in einer Frakturschrift gesetzt sind, die kein Trema kennt.

Die abgekürzt genannten Namen von Orten und Personen sind in der Vorlage im allgemeinen mit drei Auslassungspunkten (M...) gesetzt. In unserer Edition wurde hinter den Anfangsbuchstaben nur ein Punkt gesetzt, um die nach Vervollständigung trachtende Einbildungskraft des Lesers nicht drei Punkte lang ins Leere zu lenken, was den Lesefluß erfahrungsgemäß stört.

Die Abkürzungen „Hr." und „Hrn." für „Herr" und „Herrn" sind immer aufgelöst worden, ebenso die Abkürzung „v." für „von" im Adelstitel, außer bei Kleists Sigle.

Wörter, die im Text der Vorlage gesperrt gesetzt sind, wurden *kursiv*, Wörter aus Fremdsprachen, die in gerader Antiqua stehen, wurden normal gesetzt wiedergegeben.

W. K.